# Cómo Comprar una Vivienda Para Dummies,
## 3ª Edición

¡A la Vista!

## 20 Consejos Importantes para el Comprador de Vivienda

1. **Compre una vivienda que le permita, con comodidad, cumplir con sus otras metas financieras.** Examine cómo la compra propuesta afecta su situación y metas financieras del momento, especialmente los ahorros para la jubilación.

2. **Organice sus finanzas antes de comprar.** Usted debería planificar sus ahorros, inversiones y seguros antes de la compra.

3. **Los prestamistas hipotecarios y los agentes de bienes raíces no pueden decirle cuánto puede pedir prestado.** Ellos sólo le pueden decir la cantidad máxima de préstamo que puede solicitar.

4. **El mejor momento de pensar en vender su casa es antes de comprarla.** Asegúrese que la casa que compre tenga detalles especiales que otros compradores puedan encontrar atractivos, o no podrá obtener un buen precio cuando la venda.

5. **Los bienes raíces son un buen negocio a largo plazo.** Sin embargo, el valor de las viviendas pasa por períodos de altos y bajos precios. Si usted es dueño de una casa durante la mayor parte de su vida, su vivienda se cotizará mejor.

6. **Considere alquilar si cree que tendrá la necesidad de mudarse pronto.** Dados todos los costos asociados con la compra y luego la venta de una casa, si no espera establecerse en su casa durante al menos tres años (preferiblemente cinco años), usted podría fácilmente perder dinero.

7. **Tenga el valor de ser un individuo que va en contra de la corriente.** El mejor momento para comprar es normalmente en la parte baja del ciclo en el mercado de bienes raíces cuando nadie piensa que es una buena época para comprar. Compare los costos mensuales de alquilar una casa con los de comprarla, para ver si la compra es una alternativa mejor.

8. **Usted puede ahorrar fácilmente miles de dólares buscando una buena hipoteca.** El dinero es una mercancía como lo son las tostadoras y el papel higiénico.

9. **Escoja una hipoteca que satisfaga sus necesidades y su tolerancia de riesgo.** No escoja una hipoteca con una tasa variable a menos que usted pueda hacerle frente al máximo pago mensual que pueda tener y al riesgo de cuotas fluctuantes.

10. **Lo que no sabe es lo que generalmente le ocasiona problemas.** El negocio de bienes raíces es como un juego en equipo: tenga los jugadores correctos en su equipo y verá reducir la probabilidad de problemas cuando haga la adquisición.

11. **Invierta tiempo en encontrar al mejor agente inmobiliario que pueda.** Un agente con conocimiento y paciencia es de gran valor en la compra de su vivienda. Un agente mediocre o fracasado es una desventaja.

... oteca*

..ca, ..do en la ..expresado ..olo, en una hipoteca de $125.000 a 30 años y al 7% por ciento, multiplique 125 por 7,17 (de la tabla) y obtendrá como resultado una cuota mensual de $896,25.

| Tasa de Interés (%) | Plazos de Hipoteca | |
| --- | --- | --- |
| | 15 Años | 30 Años |
| 4 | 7,40 | 4,77 |
| 4⅛ | 7,46 | 4,85 |
| 4¼ | 7,52 | 4,92 |
| 4⅜ | 7,59 | 4,99 |
| 4½ | 7,65 | 5,07 |
| 4⅝ | 7,71 | 5,14 |
| 4¾ | 7,78 | 5,22 |
| 4⅞ | 7,84 | 5,29 |
| 5 | 7,91 | 5,37 |
| 5⅛ | 7,98 | 5,45 |
| 5¼ | 8,04 | 5,53 |
| 5⅜ | 8,11 | 5,60 |
| 5½ | 8,18 | 5,68 |
| 5⅝ | 8,24 | 5,76 |
| 5¾ | 8,31 | 5,84 |
| 5⅞ | 8,38 | 5,92 |
| 6 | 8,44 | 6,00 |
| 6⅛ | 8,51 | 6,08 |
| 6¼ | 8,58 | 6,16 |
| 6⅜ | 8,65 | 6,24 |
| 6½ | 8,72 | 6,33 |
| 6⅝ | 8,78 | 6,41 |
| 6¾ | 8,85 | 6,49 |
| 6⅞ | 8,92 | 6,57 |
| 7 | 8,99 | 6,66 |
| 7⅛ | 9,06 | 6,74 |
| 7¼ | 9,13 | 6,83 |
| 7⅜ | 9,20 | 6,91 |
| 7½ | 9,28 | 7,00 |
| 7⅝ | 9,35 | 7,08 |

*(continúa)*

# Cómo Comprar una Vivienda Para Dummies®, 3ª Edición

¡A la Vista!

## Cálculo del Pago de Hipoteca*
### (continuación)

| Tasa de Interés (%) | Plazos de Hipoteca | |
|---|---|---|
| | 15 Años | 30 Años |
| 7¾ | 9,42 | 7,17 |
| 7⅞ | 9,49 | 7,26 |
| 8 | 9,56 | 7,34 |
| 8⅛ | 9,63 | 7,43 |
| 8¼ | 9,71 | 7,52 |
| 8⅜ | 9,78 | 7,61 |
| 8½ | 9,85 | 7,69 |
| 8⅝ | 9,93 | 7,78 |
| 8¾ | 10,00 | 7,87 |
| 8⅞ | 10,07 | 7,96 |
| 9 | 10,15 | 8,05 |
| 9⅛ | 10,22 | 8,14 |
| 9¼ | 10,30 | 8,23 |
| 9⅜ | 10,37 | 8,32 |
| 9½ | 10,45 | 8,41 |
| 9⅝ | 10,52 | 8,50 |
| 9¾ | 10,60 | 8,60 |
| 9⅞ | 10,67 | 8,69 |
| 10 | 10,75 | 8,78 |
| 10⅛ | 10,83 | 8,87 |
| 10¼ | 10,90 | 8,97 |
| 10⅜ | 10,98 | 9,06 |
| 10½ | 11,06 | 9,15 |
| 10⅝ | 11,14 | 9,25 |
| 10¾ | 11,21 | 9,34 |
| 10⅞ | 11,29 | 9,43 |
| 11 | 11,37 | 9,53 |
| 11¼ | 11,53 | 9,72 |
| 11½ | 11,69 | 9,91 |
| 11¾ | 11,85 | 10,10 |
| 12 | 12,01 | 10,29 |
| 12¼ | 12,17 | 10,48 |
| 12½ | 12,17 | 10,48 |

**\*Advertencia:** Los pagos de la hipoteca son solamente una parte de los costos de ser propietario de una vivienda. Vea los Capítulos 2 y 3 para saber cómo calcular su costo total, y cómo incluirlos en sus planes financieros.

## 20 Consejos Importantes
### (continuación)

12. **Recuerde que los agentes inmobiliarios, hipotecarios y otros participantes en el proceso de compraventa, sólo pueden cobrar comisión si usted compra.** Esas comisiones son más grandes cuanto mayor sea el precio de la vivienda. Para protegerse de un conflicto de intereses, conozca bien su situación financiera antes de comenzar a trabajar con esos agentes.

13. **Para la mayoría de las personas comprar una casa es una experiencia emocionante.** En la medida en que controle mejor sus emociones, en esa misma medida aumentarán sus probabilidades de controlar la transacción y hacer un buen negocio.

14. **Cuídese de los vendedores que tratan de vender casas a precios excesivamente altos.** Aprenda cómo reconocer a esos "falsos" vendedores antes de desperdiciar su tiempo y dinero en ellos.

15. **¿Cuál es el valor? Es la pregunta más importante que hay que contestar cuando se compra una vivienda.** Examine las ventas de casas comparativamente similares (un buen agente puede ser de gran ayuda) para responder a esta pregunta.

16. **No hay condiciones absolutas en la negociación inmobiliaria.** Los compradores inteligentes entienden que hay momentos en que se puede hacer una oferta baja, y otros en los que se debe hacer la mejor oferta que pueda. Recuerde que todo es negociable.

17. **Si el negocio de la compra de una vivienda, la obtención de una hipoteca o cualquier otro aspecto de la transacción de compra parece muy buena para ser verdadera, probablemente lo es.** Descubra por qué la casa o préstamo hipotecario es tan económico, o sufrirá las consecuencias.

18. **No compre gato por liebre.** No trate de ahorrar dinero omitiendo inspecciones. Inspeccione muy bien la vivienda antes de comprarla. Si tiene dudas, vuelva a inspeccionarla.

19. **Adquiera la póliza de seguro para vivienda con la mayor cobertura posible.** Asegúrese de que posee cobertura para catástrofes, como terremotos o inundaciones que puedan ocurrir en el área.

20. **No permita que lo sorprendan con costos inesperados al cierre de la transacción.** Asegúrese de tener suficiente dinero disponible para adquirir la vivienda, estimando por adelantado los costos que debe pagar al momento del cierre de la compra, incluyendo los gastos de mudanzas, primas de seguros, gastos por préstamos y los impuestos a la propiedad.

Wiley, el logotipo de Wiley Publishing, For Dummies, Para Dummies, el logotipo Dummies Man, el logotipo For Dummies Bestselling Book Series y todos los otros logotipos relacionados, son marcas registradas de John Wiley & Sons Publishing, Inc. y/o sus compañías afiliadas. Las otras marcas registradas son de la propiedad de sus respectivos autores.

**Para Dummies: La Serie de Libros para Principiantes con Más Éxito en Ventas**

# Reconocimientos a las Previas Ediciones, en Inglés, de Cómo Comprar una Vivienda Para Dummies

"Es sumamente práctico. Ellos cubren lo esencial en un lenguaje sencillo y con muchos detalles de manera que hacen de este libro el único que usted necesitará."

—Eric Antonow, Presidente y Director Ejecutivo, Katabat Corporation

"Como comprador novato, descubrí que este libro es muy fácil de leer. Fue inmensamente beneficioso en decirme qué preguntas hacerle a mi agente, qué se debe buscar en las diferentes visitas a la vivienda, qué esperar de las ofertas y contraofertas, y las horas y fechas de las transacciones y de los procesos, desde la primera visita hasta la mudanza. Este libro es sumamente valioso para cualquier persona que esté comprando una vivienda, aun cuando no sea la primera vez que compra."

—Travis A. Wise, San Jose, CA

"Porque compré este libro, fui capaz de entablar una conversación perspicaz e inteligente con mi agente y con el agente de la entidad crediticia cuando compré recientemente una vivienda. Lo que es aún mejor, me sentí preparado para esas conversaciones y con mucho más control de la situación que si no hubiese leído el libro antes. ¡Muchas gracias a los autores por tan excelente trabajo!"

—Jeff C. Benson, Lake Zurich, IL

"Nunca había comprado propiedades en bienes raíces. En mi vida, nunca busqué y comparé préstamos hipotecarios, pero ahora después de leer este libro me siento sumamente preparado cuando los llamo y cuando se reúnen conmigo."

—Ben Milano, Lindenhurst, NY

"Si está pensando en comprar una vivienda, no deje de leer este excelente libro nuevo. Está repleto de maravillosos consejos que solamente personas en esos círculos los conocen y que muchos escritores de bienes raíces o los desconocen o tienen miedo de revelarlos. El consejo es tan bueno que quisiera ser yo quien lo hubiese escrito. En mi escala de uno a diez, este maravilloso libro tiene una calificación de 12 puntos."

—Robert J. Bruss, periódico *Tribune Media Services*

"El libro *Home Buying For Dummies* inmediatamente ganó un sitio especial en mi estante de libros de consulta . . . aborda el tema de la compra de una vivienda desde un punto de vista holístico."

—Broderick Perkins, periódico *San Jose Mercury News*

". . . información de muchísimo valor, especialmente para los que compran viviendas por primera vez . . ."

—Carol Nuckols, periódico *Morning Star-Telegram,* Fort Worth, TX

**Lo que muchos críticos han dicho sobre Eric Tyson y de sus previos libros, en inglés, de finanzas personales de gran venta nacional:**

"El libro *Personal Finance For Dummies* es perfecto para aquellas personas que se sienten culpables de no saber cómo administrar bien su dinero y se sienten intimidadas por los otros libros en el mercado. Ésta es una manera fácil y sin mucho esfuerzo, de aprender cómo hacerse cargo de sus finanzas. ¡Aun mis hijas de edad universitaria disfrutaron leyéndolo!"

—Karen Tofte, productora del programa *Sound Money* de la emisora National Public Radio

"Una de mis guías financieras favoritas es . . . el libro *Personal Finance For Dummies*," de Eric Tyson.

—Jonathan Clements, periódico *The Wall Street Journal*

"Consejos inteligentes para los tontos . . . no lea los mamotretos . . . y compre *Personal Finance For Dummies*, que premia su candor con consejos y aliento."

—Temma Ehrenfeld, revista *Newsweek*

"Eric Tyson está haciendo algo sumamente importante —esto es, ayudar a la gente de todos los niveles económicos a hacerse cargo financieramente de su futuro. Este libro es el fruto natural de la visión de Tyson, el cual él ha alimentado durante muchos años. Así como lo hizo Henry Ford, él también desea que la clase norteamericana de ingresos medios tenga acceso a algo a lo cual solamente tenían acceso las clases con ingresos altos."

—James C. Collins, coautor del libro bestseller *Built to Last;* Conferencista en Administración de la Stanford Graduate School of Business

"Eric Tyson . . . es el escritor perfecto para el libro *...For Dummies*. Él no le dice lo que debe hacer o pensar sin explicar el porqué o el cómo —y muestra las trampas que hay que evitar— en términos sencillos. . . . Lo lleva a través de las partes difíciles de sus propias finanzas tan suavemente como me imagino se pueda hacer."

—Clarence Peterson, periódico *Chicago Tribune*

"El libro *Personal Finance For Dummies* es hasta ahora el mejor libro que he leído sobre planificación financiera. Es un volumen simplificado de información que proporciona un profundo conocimiento y asesoramiento acerca del mundo de inversiones y de otros temas relacionados con el dinero."

—Althea Thompson, productor, *PBS Nightly Business Report*

# Cómo Comprar una Vivienda

PARA

# DUMMIES®

### 3ª Edición

## por Eric Tyson y Ray Brown

Wiley Publishing, Inc.

**Cómo Comprar una Vivienda Para Dummies,® 3ª Edición**

Publicado por
**Wiley Publishing, Inc.**
111 River St.
Hoboken, NJ 07030-5774
www.wiley.com

Copyright © 2007 Eric Tyson y Ray Brown

El Capítulo 5 tomado de *Mortgages For Dummies,* 2nd Edition, Copyright © 2004 por Eric Tyson y Ray Brown

Publicado por Wiley Publishing, Inc., Indianápolis, Indiana

Publicado simultáneamente en Canadá

Para obtener información sobre otros productos y servicios, por favor comuníquese con nuestro Departamento de Servicio al Cliente. En los EE.UU. llame al teléfono 800-762-2974, y desde fuera del país al 317-572-3993, o envíenos un fax al 317-572-4002.

Para ayuda técnica, por favor visite la página Web www.wiley.com/techsupport.

La Editorial Wiley también publica sus libros en una gran variedad de formatos electrónicos. Algunos materiales impresos podrían no estar disponibles en fomato electrónico.

Número de Control de la Biblioteca del Congreso: 2007931546.

ISBN: 978-0-470-16403-7

Impreso en los Estados Unidos de América

10  9  8  7  6  5  4  3  2  1

WILEY

# Acerca de los Autores

**Eric Tyson** es un escritor, conferencista y consejero en finanzas personales en el ámbito nacional que se ha dedicado a enseñarle a la gente cómo manejar sus finanzas mejor. Fue consultor ejecutivo para empresas de la *Fortune 500* que ofrecen servicios financieros. En los últimos veinte años, Eric ha invertido con mucho éxito en la bolsa de valores y en bienes raíces. También creó y administró varias compañías. Eric se graduó como economista en la Universidad de Yale y luego obtuvo una Maestría en Administración de Empresas de Stanford Graduate School of Business.

Eric es un escritor prolífico que escribe sobre finanzas personales, trabaja independientemente y es el autor de otros cinco libros *best sellers* de la conocida serie *For Dummies*: *Personal Finance For Dummies, Investing For Dummies, Mutual Funds For Dummies, Real Estate Investing For Dummies* (del cual es coautor) y *Taxes For Dummies* (del cual también es coautor). Como periodista del periódico *The San Francisco Examiner* fue galardonado con varios premios. Su trabajo ha sido publicado y elogiado en cientos de periódicos y revistas a nivel nacional y local como *Newsweek, Kiplinger's, The Wall Street Journal, Money, Los Angeles Times, Chicago Tribune,* y en presentaciones en las cadenas de televisión *Today Show de NBC, Nightly Business Report de PBS,* CNN, *The Oprah Winfrey Show,* ABC, CNBC, *Bloomberg Business Radio, CBS National Radio* y *National Public Radio.*

Eric ha aconsejado a miles de clientes en una gran variedad de tópicos financieros como finanzas personales, inversiones, y en problemas y dilemas en bienes raíces. Además de administrar su propia compañía de servicios financieros, él es un conferencista en gran demanda.

**Ray Brown** es un experto en el mercado de bienes raíces con más de treinta años de experiencia práctica. Fue un ejecutivo de las compañías Coldwell Banker Residential Brokerage Company y McGuire Real Estate, y fundó su propia empresa de bienes raíces llamada Raymond Brown Company. Al presente, Ray es el administrador y vicepresidente de la compañía Pacific Union GMAC Real Estate, y también es escritor, consultor y conferencista en bienes raíces residenciales.

Ray sabe que las personas son muy inteligentes y que cuando tienen un problema es porque no saben cuál es la pregunta correcta que hay que hacer, para conseguir la información necesaria a fin de que puedan tomar una buena decisión. Él siempre ha querido escribir un libro que presentara los temas que alguien necesita saber para tomar las decisiones adecuadas en la compraventa de una vivienda —un libro que lo ayude a evitar que otras personas lo manipulen aprovechándose de su falta de conocimientos en ese campo. ¡Y éste es, finalmente, ese libro!

En su camino hacia convertirse en un gurú en bienes raíces, Ray trabajó como analista de bienes raíces para la televisora KGO-TV (una rama de la compañía ABC en San Francisco), y como columnista de bienes raíces con difusión nacional a través del periódico *The San Francisco Examiner,* y es el moderador de un programa semanal de radio llamado *Ray Brown on Real Estate* para la emisora KNBR. Además de trabajar para la televisora ABC, también se ha presentado como experto en bienes raíces en otras cadenas de televisión como CNN, NBC, CBS, y en el periódico *The Wall Street Journal* y la revista *Time.*

Todo eso es excelente, pero de todos los logros que Ray se siente más orgulloso son: sus dos magníficos hijos Jeff y Jared, y de más de 40 años maravillosos, de casado, con su inigualable Annie B. Él con mucho placer también le da la bienvenida a la familia a Genevieve, la esposa de Jeff.

# Dedicatorias

Deseo dedicar este libro con profunda gratitud a mi familia y a mis amigos, así como también a mis clientes y asesores, quienes me han enseñado todo lo que sé sobre la terminología y las estrategias financieras para que todos nos beneficiemos de su lectura. —Eric Tyson

Con todo cariño dedico este libro a mis amigos en bienes raíces, que me enseñaron cómo manejar el juego en este campo; a mis clientes y amigos que me honran con su confianza y lealtad; a mi hermano Steve y a mi mejor amigo Ben Colwell que hicieron de Raymond Brown Company (*RBCo*) una realidad. También a Bruce Koon y a Corrie Anders que me enseñaron a gozar mientras escribía; a Warren Doane y a Dennis Tarmina que me animaron a que realizara este sueño. Además, a los hermanos Dave y a Bob Agnew por estar allí cuando los necesitaba; y, he dejado lo mejor para el final, a Annie B., Jeff, Genevieve y Jared quienes con alegría (la mayor parte del tiempo) han tolerado "el modo y estilo de Ray" todos estos años. —Ray Brown

# Agradecimientos de los Autores

Muchísima gente en Wiley ayudó a que este libro fuera posible y bueno (y esperamos que los lectores opinen lo mismo). En particular, la revisora de contratos Kathy Cox, las revisoras de proyectos Alissa Schwipps y Kristin DeMint, revisora de copia Jennifer Bingham. Y, por supuesto, a los amigos del departamento de producción, por lograr ¡que este libro parezca grande! Gracias también a todos los que en Wiley contribuyeron a que este libro se hiciera y se hiciera bien.

Un homenaje extraordinario y profundo reconocimiento y gratitud para nuestro brillante revisor técnico, Kip Oxman, quien trabajó largas horas para asegurar que todo estuviera escrito con absoluta corrección.

También debemos una gran deuda de gratitud a Craig Watts por su ayuda de incalculable valor en el capítulo referente al puntaje de crédito; a Paul Bragstad por sus increíbles conocimientos del Internet; a Warren Camp, de Camp Brothers Inspection Services, Inc., por proveernos el excelente informe de inspección incluido en el Apéndice A; a Robert Jackson, de la empresa BayCal Financial, por proveer formularios adicionales; y a Brian Felix, de Old Republic Title Company, por permitirnos generosamente sondear y escudriñar su cerebro "Einsteiniano" con las complejidades de los seguros de título y de los depósitos de garantía.

## Reconocimientos de la Editorial

Estamos orgullosos de este libro. Por favor envíenos sus comentarios o sugerencias usando el formulario de registro disponible en la Internet en `www.dummies.com/register/`.

Entre las personas que ayudaron a colocar este libro en el mercado figuran:

**Contrataciones, Editorial y Desarrollo de Publicación**

**Editora Jefa de Projecto:** Alissa Schwipps

**Editora de Proyecto:** Kristin DeMint

*(En publicaciones anteriores: Suzanne Snyder y Shannon Ross)*

**Editores de Contratos:** Kathleen M. Cox, Mike Baker

*(En publicaciones anteriores: Jonathan Malysiak)*

**Correctoras de Estilo:** Jennifer Bingham, Victoria M. Adang

*(En publicaciones anteriores: Tina Sims y Diana R. Conover)*

**Traductora:** Elsa Pittman

**Revisor Técnico:** Kip Oxman

**Gerente Editorial Sénior:** Jennifer Ehrlich

**Asistentes Editoriales:** Erin Calligan Mooney, Joe Niesen, Leeann Harney

**Fotos de Cubierta y Contracubierta:** © Randy Faris/Corbis

**Caricaturas:** Rich Tennant (`www.the5thwave.com`)

**Producción**

**Coordinadora de Proyecto:** Kristie Rees

**Diseño Gráfico:** Carl Byers, Brooke Graczyk, Stephanie D. Jumper, Heather Ryan, Erin Zeltner

**Diseño del Logotipo del Aniversario:** Richard Pacifico

**Correctora de Pruebas:** Broccoli Information Management, Susan Moritz

**Índice:** Broccoli Information Management

---

**Cuerpo Editorial del Departamento de Libros de Interés General Para Dummies**

**Diane Graves Steele,** Vicepresidenta y Editora del Departamento de Libros de Interés General Para Dummies

**Joyce Pepple,** Directora de Contratos del Departamento de Libros de Interés General Para Dummies

**Kristin A. Cocks,** Directora de Desarrollo de Productos del Departamento de Libros de Interés General Para Dummies

**Michael Spring,** Vicepresidente y Editor, Viajes

**Kelly Regan,** Directora Editorial, Viajes

**Cuerpo Editorial del Departamento de Libros sobre Temas de Tecnología Para Dummies**

**Andy Cummings,** Vicepresidente y Editor del Departament de Libros sobre Temas de Technología Para Dummies/Público General

**División de Producción**

**Gerry Fahey,** Vicepresidente de la División de Producción

**Debbie Stailey,** Directora de la División de Producción

# Un Vistazo al Contenido

# Tabla de Materias

# Introducción

¡Bienvenidos a *Cómo Comprar una Vivienda Para Dummies*, 3ª Edición!

Por el precio de un par de entradas para ir al cine usted puede rápida y fácilmente descubrir que puede ahorrar, tal vez, miles de dólares, la próxima vez que compre una vivienda.

¿Por qué podemos decir eso? ¡Es muy fácil! Entre los dos hemos acumulado más de cinco décadas de experiencia personal, aconsejando a miles de personas como usted cómo comprar una vivienda y, también, cómo tomar otras decisiones financieras importantes. Hemos visto que la falta de experiencia, y de conocimientos de conceptos básicos, resulta en errores que cuestan mucho dinero. Sabemos que muchos de estos errores son innecesarios y se pueden evitar.

Nadie nace con el conocimiento de cómo comprar una vivienda. Cualquier persona que desea comprar una vivienda debe aprender cómo hacerlo. Desafortunadamente, muchas personas obtienen sus experiencias en la escuela de la vida, y los errores que cometen son costosos y hay que pagarlos del bolsillo propio.

Sabemos que usted no es un tonto o *"dummy"*. Al seleccionar este libro, usted ha demostrado interés en aprender más sobre el proceso de compra de una vivienda. Este libro puede ayudarlo a tomar decisiones inteligentes y a evitar entrar en un campo financiero minado que pueden ocasionar desastres económicos.

En caso de que todavía dude si comprar o no este libro, por favor, permítanos un segundo de su tiempo para explicarle nuestras razones. La compra de una casa es probablemente el mayor desembolso monetario de su vida y, si usted es como la mayoría de las personas, esta compra puede tener repercusiones económicas en su presupuesto y, quizás, puede ocasionarle varias noches sin sueño. La compra de una vivienda es financieramente una inversión grande y un acontecimiento muy importante para la mayoría de la gente. Ciertamente lo fue para nosotros cuando compramos nuestras primeras casas, y usted merece hacer las cosas bien desde el principio.

# Información sobre Este Libro: ¿Cuál Es la Diferencia entre Este Libro de Eric Tyson y Ray Brown, y los Demás?

Sabemos que hay muchos otros libros del mismo tema que compitan por su interés. Pero, si el hecho de que nuestras familias y nosotros estemos contando con que usted compre este libro no es suficiente para hacerlo cambiar de idea, a continuación le ofrecemos otras razones importantes por qué este libro es el mejor para usted:

- **Es obvio.** Como trabajamos con gente y respondemos a preguntas reales (Eric, por medio de su asesoría financiera, sus clases y sus publicaciones; y Ray, por medio de su programa de radio, su consultoría en bienes raíces y sus publicaciones), nuestra información está al día. Además, tenemos una extensa experiencia en cómo explicar todas estas cosas. Esta experiencia puede ponerlo a usted y a su familia en control del proceso de compra de una vivienda, en lugar de que el proceso lo controle a ustedes.

- **Es objetivo.** No estamos tratando de venderle una hoja informativa cara u otros tipos de bienes raíces que usted no necesita, sino que nuestra meta es darle todo el conocimiento posible antes de que usted compre su casa. Y aún le explicamos la razón por la que, quizás, no le convenga comprar una casa. No estamos aquí para ser sus animadores o *"cheerleaders"* de bienes raíces.

- **Es completo.** La compra de una casa limita la habilidad de ahorrar dinero y de lograr otras metas financieras importantes. Aquí le ayudamos a que sepa cuál es la mejor manera de incorporar la compra de una casa al resto de su plan financiero personal.

- **Es un libro de consulta.** Puede leer este libro desde el principio hasta el final. Sin embargo, sabemos que usted es una persona muy ocupada y que probablemente no quiera hacerse un experto en bienes raíces, por lo que cada sección del libro puede leerse independientemente. Puede leerlo parte por parte para aclarar sus preguntas específicas y sus inquietudes más apremiantes.

# Convenciones Empleadas en Este Libro

Todos los libros tienen sus reglas convencionales al escribirlos y éste también las tiene. Para sacarle más provecho a la información que suministramos, fíjese en las siguientes convenciones:

- Las palabras en letra cursiva o *itálica* anuncian los vocablos nuevos que definimos.

✔ Las palabras en **negrilla** identifican palabras claves que se encuentran en listas detalladas.

✔ Las palabras en `Monofonto` identifican específicamente las direcciones electrónicas de páginas o sitios en la Web.

Además, usted puede dejar de leer la información que aparece identificada con una barra vertical de color gris a la izquierda del párrafo y, no perderá ninguna información necesaria. Estas barras grises identifican información que es de gran ayuda pero que no es tan importante para la comprensión del material que está presentado.

# Cómo Está Organizado Este Libro

¿Así que usted está listo para comprar una vivienda, ah? O, talvez, no se encuentra listo todavía pero contempla la posibilidad de comprar una vivienda en un futuro no muy lejano. Este libro está basado en la premisa de que muchas cosas importantes deben estar en su lugar *antes* de que usted firme el contrato para adquirir su vivienda. Y aún después de haber firmado los documentos de compra, es posible que todavía usted tenga preguntas. ¡No se asuste! Este libro tiene todo lo que necesita saber.

## Parte I: Economía Doméstica

¿Dudoso de si debe o no comprar una vivienda? ¿Está preocupado de que las finanzas de su familia no están planificadas ni organizadas como debieran estar? ¿No sabe si tiene suficiente dinero para comprar o cómo pagará la deuda? ¡Esta sección es para usted! Muchos compradores potenciales de vivienda cometen el error de comprar una vivienda antes de conocer sus opciones financieras, y sin comprender el proceso de compra. De regalo, en esta parte también le explicamos la economía del mercado de bienes raíces y le indicamos cómo identificar un mercado que beneficia al comprador (con buenos precios), y evitar así los peligros de un mercado que esté beneficiando a los vendedores (con precios excesivamente altos).

## Parte II: Finanzas 101

Uno de los aspectos más retadores e importantes en el proceso de compra de una vivienda, es el de escoger una hipoteca. Aunque no estén tan inclinados a usar jergas como un auditor del *Internal Revenue Service* (Servicios de Impuestos Internos), la mayoría de los prestamistas hipotecarios tienen la tendencia a usar términos técnicos — tales como *amortización negativa* y *puntos* — que usted probablemente no usa en su vida diaria. En esta parte importantísima, le explicamos los diferentes tipos de hipotecas y evadimos todas esas jergas para ayudarlo a seleccionar el tipo de hipoteca que se ajusta a sus necesidades. Aquí hablamos sobre la importancia de su puntuación de solvencia o crédito, cómo funciona y, lo que es más, cómo mejorarla. Además de explicar cómo conseguir el mejor negocio que pueda, en una hipoteca, lo guiamos a través de las montañas de papeles requeridos para solicitar y obtener un préstamo.

# Parte III: Propiedades, Participantes y Precios

Después que haya decidido que está listo para comprar y sabe cuánto puede pagar (de acuerdo a su presupuesto y a otros objetivos financieros), usted está listo para explorar cómo se juega el juego de compra de una vivienda. En esta parte, le damos a conocer los diferentes tipos de propiedades que puede considerar para comprar y la gente que puede contratar para que lo ayuden en la compra de las mismas. Además de enrumbarlo hacia estrategias exitosas y a personas que lo ayuden, le decimos también cómo evitar propiedades malas y personas fracasadas. Le damos una clase intensiva de cómo distinguir las buenas compras de las excesivamente caras cuando esté comprando la casa de sus sueños y, a lo mejor, puede hacer un mejor negocio. También le explicamos cómo utilizar el potencial de la Internet, y le indicamos cuáles páginas Web de bienes raíces valen la pena consultar.

# Parte IV: Cómo Cerrar el Contrato

En esta parte, le explicamos — cómo negociar un excelente contrato y cómo conseguir que inspeccionen su casa desde la fundación hasta el techo, para que usted sepa si está en perfectas condiciones o si está repleta de defectos excesivamente caros. Como usted no puede cerrar la compra hasta que tenga el seguro de propietario, le explicamos qué comprar, dónde comprarlo y cómo comprarlo correctamente. Finalmente, le describimos algunas ramificaciones legales y de gravámenes de su compra, junto con otros procedimientos para asegurarse de que su negocio cierre sin problemas y sin costos innecesarios.

# Parte V: La Parte de los Diez

En esta parte, presentamos temas cortos que parecen que no encajan en ninguna parte de este libro. Aquí le damos una lista de diez estrategias financieras que debería tener en cuenta después de comprar, diez cosas que debe saber cuando invierta en bienes raíces y diez puntos que debe tener en cuenta cuando venda su casa.

## Parte VI: Apéndices

Además de mostrarle un reporte de inspección de vivienda bien hecho, le proporcionamos un glosario completo en caso de que no pueda dejar de pensar lo que una determinada palabra o frase, en bienes raíces, significa.

# Íconos Empleados en Este Libro

A lo largo y ancho de este libro hay graciosos íconos que lo ayudan a prestarle atención y a reforzar asuntos importantes, y también le señalan los que puede saltarse.

Este tiro al blanco notifica estrategias claves que pueden mejorar su transacción de bienes raíces y, en algunos casos, pueden ahorrarle muchísima "plata". ¡Piense en ellas como consejos paternales que le susurraríamos en su oído si estuviéramos muy cerca de usted como para hacerlo!

Numerosas minas terrestres esperan tanto a los compradores de viviendas con mucha experiencia como a los novatos. Este símbolo de bomba explosiva le muestra dónde están esas minas financieras, y luego nosotros le decimos cómo evitarlas.

Ocasionalmente le sugerimos que investigue más o que haga su tarea. No se preocupe: nosotros le decimos exactamente lo que tiene que hacer.

Desafortunadamente, como es el caso en el mundo de los negocios, algunas personas y empresas están más interesadas en las ganancias a corto plazo que en satisfacer sus necesidades e inquietudes. ¡Le alertamos cómo, cuándo y dónde usted puede ser estafado y le mostramos, donde corresponda, cómo no dejarse estafar!

"Si se lo he dicho una vez, se lo he dicho miles de veces. . . ." ¿Recuerda a sus padres tan maravillosos? De vez en cuando le indicamos algo sumamente importante y, quizás, se lo repitamos una y otra vez como lo hacían ellos. Precisamente para que no se olvide de ese punto, este ícono sirve de aviso, recordándole sus experiencias acumuladas desde el comienzo del proceso.

Algunos de ustedes son curiosos y tienen tiempo para leer. Otros, están muy ocupados y solamente desean saber lo que es esencial. ¡Este ícono excéntrico, señala pedacitos de información o información que no tiene que saber, pero que si la sabe puede hacerlo sentirse más seguro y orgulloso de sí mismo!

# ¿Y Qué Hacer Ahora?

Las probabilidades indican que usted no está completamente listo para correr al banco más cercano y pedir un préstamo. Nosotros tampoco le sugerimos que llame, sin mirar, al primer agente inmobiliario que encuentre en las páginas amarillas de su guía telefónica. De usted depende qué hacer ahora, pero si precisamente acaba de empezar a pensar en comprar su primera vivienda, le recomendamos que lea el libro de cubierta a contracubierta, para maximizar su astucia en bienes raíces. Pero no es necesario empezar desde la A hasta la Z. Si usted se siente muy confiado en sus conocimientos de ciertas áreas, escoja aquéllas en las que esté más interesado, bien sea leyendo la Tabla de Contenido o confiando en el excelente índice que se encuentra al final del libro.

# Parte I
# Economía Doméstica

The 5th Wave — Por Rich Tennant

"Compré el programa que nos va a ayudar a ahorrar para comprar nuestra nueva casa y, como ya estaba allí, también compré estos juegos nuevos, dos protectores de pantalla, 4 almohadillas para ratón, esta maravillosa bandeja para el teclado y..."

# En esta parte . . .

¿Tiene usted lo que se necesita para ser propietario? ¿Es ahora el momento adecuado para comprar? ¿Cuánto puede pagar por una vivienda?

Estas preguntas no son para intimidarlo. Si usted no sabe las respuestas (y aun si cree que las sabe), ¡ánimo!, esta parte es para usted.

Muchas personas creen que necesitan comprar una casa (o que no necesitan hacerlo), sin mirar en forma detallada su situación económica o financiera. ¡No cometa este error!

Lea esta parte para ver cómo el ser propietario de una vivienda encaja en el rompecabezas de sus finanzas y para entender cómo y por qué los precios de las viviendas suben y bajan.

# Capítulo 1

# Comprar o No Comprar

Cada mes, cada semana y a diario compramos cosas tanto grandes como pequeñas: el almuerzo, un par de zapatos y, esporádicamente, un carro.

La mayoría de las personas compran cosas sin hacer muchas comparaciones y, frecuentemente, lo que hacen es tomar en cuenta sus experiencias pasadas para tomar su decisión. Cuando la persona que lo atendió en el café de la esquina fue amable y gentil, y a usted le gustó el café expreso que le sirvieron, usted regresa allí la próxima vez que necesita de uno.

Algunas veces, ciertas compras lo llevan a hacer otras por asociación. Por ejemplo, usted compra un café y, naturalmente, pareciera que comprar el periódico es lo más normal. De la misma manera, usted compra una casa y, muy pronto, ya tiene un televisor y guantes nuevos para el jardín.

Con algunas cosas que compra, usted termina sintiéndose muy feliz, mientras que otras no llenan sus expectativas . . . o lo que es más, pueden hacerlo sentirse peor. Cuando las compras que no le satisfacen no cuestan mucho, no hay ningún problema. Quizás usted los devuelve a la tienda o simplemente no compra más de eso en el futuro. Pero cuando se trata de comprar una vivienda, ese tipo de descuido al comprar puede llevarlo a un desastre financiero y emocional.

Si usted no está dispuesto a invertir tiempo, y si no trabaja con un experto y sigue sus consejos, usted podría terminar pagando de más por una vivienda que no le gusta nada. Nuestros objetivos en este libro son simples: asegurarnos que usted esté feliz con la vivienda que compre, que haga el mejor negocio posible al comprar, y que el ser propietario de la casa lo ayude a conseguir sus objetivos financieros.

# Cómo Sopesar las Ventajas de Comprar versus Alquilar

Casi todas las personas parecen tener una opinión acerca de la compra de una vivienda. La gente en el negocio de bienes raíces —agentes, entidades crediticias, inspectores de viviendas y otras personas relacionadas con el negocio— favorecen la alternativa de ser propietario de una vivienda. Por supuesto que hay razones para ello. ¡Su sustento depende de eso! Allí radica el problema fundamental de casi todos los libros sobre compra de viviendas, porque son escritos por personas que tienen un interés personal en convencer a sus lectores de que efectúen la compra.

Ser propietario de una casa no es para todo el mundo. Uno de nuestros objetivos en este capítulo es ayudarlo a determinar si la compra de una vivienda es apropiada para usted.

Lea sobre el caso de Pedro, quien pensaba que comprar una casa era la mejor decisión financiera que él podía hacer. ¿Cómo podría perder cuando podía descontar un monto de los impuestos y a la vez vivir en un lugar que se revaloriza? Pedro envidiaba a sus colegas en el trabajo quienes aparentemente ganaban mucho dinero con propiedades que compraron hacía años. Pedro era un hombre muy ocupado y no tenía tiempo para investigar otras formas de invertir su dinero.

Desafortunadamente, Pedro compró una vivienda que estaba por encima de su presupuesto y que requería mucha atención y mantenimiento. Para empeorar el asunto, tres años después de la compra, Pedro se fue a hacer un postgrado al otro lado del país (algo que él ya sabía probablemente hiciera). Además, durante esos tres años, los precios de las casas en su vecindario descendieron un 10 por ciento. Así que cuando Pedro vendió su casa, después de pagar los gastos de venta y cierre, terminó perdiendo en su totalidad el pago inicial que había invertido.

Por otro lado, algunas personas que continúan alquilando debieran comprar. Cuando Melody tenía veinte y tantos años, no quería comprar casa porque no deseaba establecerse seriamente en ningún lugar. Su alquiler mensual parecía muy barato comparado con los precios de las casas que estaban en venta.

Como siempre ocurre, el tiempo pasó, y los veinte y tantos años de Melody se convirtieron en treinta y tantos, y esos se transformaron en cuarenta, y luego en cincuenta, y todavía estaba alquilando. El alquiler aumentó abruptamente ocho veces más de lo que pagaba al principio, y esa mensualidad insignificante de $150 se convirtió en más de $1.200 mensuales. Pero ahora, los precios de las viviendas sí parecían inalcanzables. Ahora, llena de temor miraba hacia un futuro en el cual veía como los alquileres seguían aumentando en los años por venir cuando ella aspiraba a jubilarse.

# Las ventajas de ser propietario

La mayoría de las personas deberían eventualmente comprar una vivienda, pero no todas o en cualquier momento de sus vidas. Para decidir si este es su momento para comprar, piense en las ventajas de ser propietario y vea si estas son válidas para su caso.

### La compra debería ser menos costosa que la opción de alquilar

Usted probablemente no se dio cuenta mientras crecía, pero además del cambio de pañales, de la paciencia que tuvieron para entrenarlo a ir al baño, de la ayuda con las tareas escolares, de curarle las rodillas heridas y las incontables comidas, sus padres se aseguraron que usted tuviera un techo sobre su cabeza. La mayoría de nosotros asume, como algo garantizado, un techo, a menos que no lo tengamos o que estemos enfrentados por primera vez con el hecho de pagarlo nosotros mismos.

¿Recuerda el primer apartamento que tuvo cuando se graduó de la universidad o cuando tuvo que irse de la casa de sus padres? Probablemente ese lugar lo hizo apreciar las excelentes circunstancias en que se encontraba antes — ¡ni siquiera los dormitorios tan incómodos de la universidad parecen tan malos como antes!

Pero aun cuando usted pague un alquiler mensual entre los cientos de dólares a mil o más, ese gasto no parece tan excesivo si usted ve una vivienda que está a la venta. En muchas partes de los Estados Unidos, estamos hablando de una cifra alta, entre $150.000, $225.000, $350.000 o más, como precio de venta. (Por supuesto que si usted es médico, abogado, consultor gerencial o un agente financiero, probablemente piense que no puede encontrar un lugar habitable por menos de medio millón de dólares. ¡Doble o triplique estas cifras si usted vive en lugares costosos como las ciudades de Nueva York, Boston, Los Ángeles y San Francisco!)

Aquí presentamos una guía que puede hacerle cambiar la forma en que usted ve su, aparentemente bajo, alquiler mensual. Para determinar el precio de una casa que usted podría comprar por aproximadamente el mismo costo mensual de su alquiler actual, simplemente haga los siguientes cálculos:

Tome su alquiler mensual y multiplíquelo por 200, y así obtendrá el precio de compra de una vivienda.

$_____ por mes  x  200 = $_____

***Ejemplo:*** $ 1.000  x  200 = $200.000

Entonces, en ese ejemplo, si usted estuviera pagando un alquiler de $1.000 por mes, usted pagaría aproximadamente el mismo monto por mes para poseer una vivienda de $200.000 (considerando el ahorro en los impuestos). Ahora su alquiler mensual no parece tan bajo al compararlo con el costo de comprar una casa, ¿no es verdad? (En el Capítulo 3 vamos a mostrarle cómo calcular los costos totales de propiedad de una vivienda con mucha precision.)

Mucho más importante que el costo *actual* de comprar versus alquilar, es el costo *futuro*. Como arrendatario, su alquiler está completamente susceptible a aumentos por el costo de vida, también conocido como *inflación*. Una expectativa razonable de incremento anual en su alquiler es un 4 por ciento por año. La Figura 1-1 muestra el efecto de un 4 por ciento anual de inflación sobre un alquiler de $1.000 mensuales.

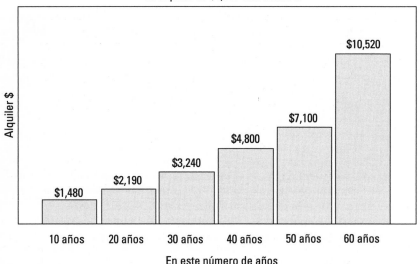

**Figura 1-1:** El aumento abrupto del costo de alquiler.

Cuando usted tiene 20 o 30 años, quizás no esté pensando o no le preocupen los futuros "años dorados", ¡pero mire lo que le pasará a su alquiler a lo largo de las décadas siguientes con sólo una inflación baja! Entonces recuerde que pagar $1.000 de alquiler por mes es equivalente a comprar una casa de $200.000. Luego, en 40 años, con 4 por ciento de inflación por año, su alquiler de $1.000 por mes llegará a $4.800 por mes. ¡Eso es como comprar una casa por $960.000!

En nuestro ejemplo, escogimos $1.000 para mostrarle lo que pasará con ese alquiler con una modesta tasa anual de inflación del 4 por ciento. Para ver lo que podría pasar con su alquiler por efecto de la tasa de inflación (así como el efecto de una tasa un poquito más alta), simplemente complete la Tabla 1-1.

| Tabla 1-1 | Cálculo del Alquiler Futuro | |
|---|---|---|
| *Su Alquiler Mensual Actual* | *Factor de Multiplicación para Determinar el Alquiler en Años Futuros a una Tasa Anual de Inflación del 4 por Ciento* | *Alquiler Futuro Proyectado* |
| $_____ | ×1.48 | = $_____ in 10 años |
| $_____ | ×2.19 | = $_____ in 20 años |
| $_____ | ×3.24 | = $_____ in 30 años |
| $_____ | ×4.80 | = $_____ in 40 años |
| $_____ | ×7.11 | = $_____ in 50 años |
| $_____ | ×10.52 | = $_____ in 60 años |
| *Su Alquiler Mensual Actual* | *Factor de Multiplicación para Determinar el Alquiler en Años Futuros a una Tasa Anual de Inflación del 6 por Ciento* | *Alquiler Futuro Proyectado* |
| $_____ | ×1.79 | = $_____ in 10 años |
| $_____ | ×3.21 | = $_____ in 20 años |
| $_____ | ×5.74 | = $_____ in 30 años |
| $_____ | ×10.29 | = $_____ in 40 años |
| $_____ | ×18.42 | = $_____ in 50 años |
| $_____ | ×32.99 | = $_____ in 60 años |

Si usted está en la edad madura o está jubilado, puede que no esté planificando en tener 40 a 60 años más para vivir. Pero por otro lado, no subestime cuántos años más de vivienda usted va a necesitar. Las estadísticas de salud de los Estados Unidos indican que a la edad de 50 años, usted tiene una expectativa de vida de cerca de 30 años más, y a la edad de 65, casi de 20 años más.

A pesar de que el costo de comprar una casa generalmente aumenta con los años, después que usted compre una determinada casa la mayor parte de sus costos no son vulnerables a la inflación, si es que usted obtiene una hipoteca con tasa de interés fija para financiar la compra. Como explicaremos en el Capítulo 6, una *hipoteca con tasa de interés fija* establece el pago de la hipoteca como un monto fijo (lo opuesto de una hipoteca de tasa variable en la cual el monto a pagar fluctúa de acuerdo a los cambios en las tasas de interés). Por lo tanto, solamente los gastos comparativamente pequeños como los impuestos a la propiedad, el seguro y los gastos de mantenimiento, aumentarán a lo largo del tiempo con la inflación. (En el Capítulo 3, cubrimos en bastante detalle los costos de comprar y poseer una casa.)

## Usos de la riqueza que acumula con su vivienda

Por los muchos años que usted probablemente vaya a tener su vivienda, ésta debería convertirse en una parte importante de su *patrimonio* — esto es, la diferencia entre sus *activos* (cosas de valor que usted posee, tales como cuentas bancarias, cuentas de jubilación o retiro, acciones, bonos, fondos mutuales, etc.) y sus *pasivos* (deudas). ¿Por qué ocurre esto? Porque las casas generalmente aumentan de valor con el tiempo mientras usted está pagando el préstamo que obtuvo para comprarla.

Aun si usted es una de esas personas raras que posee una casa pero que no ve mucha *revalorización* (aumento en el valor de la casa) a través de las décadas como propietario, usted se beneficiará de los ahorros mensuales forzados que resultan de pagar el saldo de la hipoteca. Personas mayores que usted le pueden decir que ser propietario de una casa libre de hipoteca es una gran alegría.

Todo ese *capital en la propiedad* (la diferencia entre el valor de mercado de una vivienda y el monto que se debe del préstamo) puede ayudar a su situación financiera y personal de varias formas. Si usted piensa jubilarse algún día (como la mayoría de las personas), pero le es difícil ahorrar (al igual que a la mayoría), el capital en la propiedad puede servirle de complemento a sus otras fuentes de ingresos.

¿Cómo tiene acceso al capital de su propiedad? Existen tres maneras de hacerlo:

✔ Algunas personas escogen *tener una vivienda de menos valor*, es decir, durante su etapa de jubilación se mudan a una casa menos costosa. Venda su casa por $500.000, reemplácela por una que cueste $300.000, y usted ha liberado $200.000. Sujeto a ciertos requerimientos, usted puede vender su casa y materializar hasta $250.000 de ganancia libres de impuesto si usted es soltero y de $500.000 si es casado. (Vea el Capítulo 17 para aprender más acerca de esta deducción tributaria para propietarios.)

✔ Otra forma de tener acceso al capital de su propiedad es a través de un préstamo. Se puede obtener un préstamo fácilmente sobre el capital que se ha acumulado y es una fuente de efectivo a bajo costo (el interés que usted paga es generalmente deducible de impuestos — vea el Capítulo 3 para más información).

✔ Algunas personas jubiladas también consideran lo que se llama una hipoteca revertida. Bajo este arreglo, la entidad crediticia le envía un cheque mensual que usted puede gastar como usted desee. Mientras tanto, un saldo deudor (que será pagado cuando la propiedad es vendida finalmente) se va acumulando contra la propiedad.

¿Que puede hacer usted con todo este capital sobre el valor de la propiedad? ¡Pagar por la educación universitaria de sus hijos, empezar su negocio propio, remodelar su vivienda o cualquier otra cosa!

Usted siempre va a necesitar un lugar para vivir. Y a largo plazo, la inflación casi siempre ha estado presente. Aun si usted tiene que estirarse un poco para poder comprar una casa hoy, en los años venideros estará contento de haberlo hecho. El riesgo financiero de alquilar a largo plazo es que *todos* los costos asociados a una vivienda (alquiler) aumentan con el tiempo. No estamos diciendo que todo el mundo debería comprar por causa de la inflación, pero sí creemos que si usted no va a comprar, debe ser muy cuidadoso en tomar en cuenta este factor, en su planificación financiera. Más adelante presentamos las ventajas y desventajas de alquilar.

### *Usted puede acomodar su casa como quiera*

Acuérdese de todos los lugares en los cuales ha vivido alquilado, y también el lugar en el cual probablemente está viviendo ahora. Por cada lugar, haga una lista de las cosas que a usted realmente no le gustaban y que pudo haber cambiado si la propiedad hubiese sido suya: unas alfombras feas, pintura exterior indeseable, aparatos eléctricos viejos que no trabajaban bien, y otras cosas más.

Aunque sabemos que algunos inquilinos hacen ciertos trabajos en los apartamentos donde viven, generalmente no recomendamos esta acción porque usa su dinero y tiempo, pero financieramente beneficia al dueño del edificio. Si con perseverancia e insistencia usted puede lograr que el arrendador haga las mejoras y reparaciones con su propio dinero, ¡pues muy bien! ¡De cualquier manera, no lo haga, lo que está haciendo es tirando su dinero por la ventana!

Sin embargo, cuando usted es el dueño de su vivienda, usted puede hacer lo que quiera con ella. ¿Quiere pisos de madera en lugar de una alfombra desgastada y fea? ¡Arránquela del piso! ¿Le fascinan una alfombra de color naranja brillante y una pintura exterior rosada? ¡Solo tiene que ponerlas!

En su entusiasmo por comprar una vivienda y transformarla como a usted le gusta, sea cuidadoso con dos cosas:

- ✔ **No haga cambios muy extravagantes en la vivienda.** Usted probablemente querrá o necesitará vender su casa algún día, y mientras más extravagantes o notorios sean sus cambios, podría atraer menos compradores — y más bajo sería el precio que pudiera lograr. Y, si a usted no le importa malgastar su dinero o está convencido de que puede encontrar un futuro comprador con gustos (ajem) sofisticados y similares, entonces, sea tan exagerado como lo desee. Pero, si va a realizarle mejoras a su propiedad, enfóquese en aquellas que agregan valor: colocar un tragaluz, agregar un techo o piso a un patio, mejorar la cocina y los baños, u otras más.

> ✔ **Esté pendiente de no caer en una ruina financiera.** Cambiar, mejorar, remodelar, o como sea que usted quiera llamarlo, cuesta dinero. Conocemos muchos compradores que por renovar sus casas constantemente han descuidado otros objetivos financieros importantes (tales como ahorrar para su vejez y para las universidades de sus hijos). Otros han acumulado grandes deudas que se convierten en un gran peso en sus espaldas. En los peores casos, las casas se convierten en fosas de dinero que ocasionan a sus dueños la acumulación de deudas a altos intereses como preludio a su bancarrota.

### Usted se evita lidiar con un arrendador problemático

Un último beneficio (y muy importante) de ser dueño de su propia casa es que usted no tiene que estar sujeto a los caprichos de un arrendador problemático. Mucho se habla entre los inversionistas de bienes raíces del reto que representa encontrar buenos inquilinos. Como inquilino, quizás usted ya haya descubierto que encontrar un buen arrendador tampoco es fácil.

El problema fundamental con algunos arrendadores es que son lentos para arreglar los problemas y hacer mejoras. Los mejores (y más inteligentes) se dan cuenta que mantener el edificio en buenas condiciones ayuda a atraer y a mantener buenos inquilinos, y maximiza los ingresos y las ganancias. Pero para otros arrendadores, como Leona Helmsley, maximizar las ganancias significa ser mezquino con las reparaciones y las mejoras (algunos de los arrendatarios de Leona la llevaron a juicio por ser "excesivamente ahorrativa").

La buena nueva es que cuando usted es dueño de su vivienda, usted generalmente está en control, puede arreglar su inodoro descompuesto o sus paredes horriblemente pintadas cuando quiera y como quiera. No más líos con arrendadores indiferentes y odiosos. La mala noticia es que usted es responsable por pagar y asegurar que el trabajo se complete. Aun si usted contrata a alguien más para hacerlo, todavía tiene la responsabilidad de encontrar personas competentes y supervisar su trabajo, lo cuál no es tarea fácil.

Otro riesgo de alquilar es que los dueños de la vivienda podrían decidir vender el edificio y dejarlo a usted en la calle. Usted debe preguntarles a sus posibles arrendadores si tienen planes de vender. Algunos arrendadores no van a darle una respuesta certera, pero vale la pena preguntar si esto le preocupa.

Una manera de evitar ser tirado a la calle por un arrendador caprichoso, es pedir que el contrato de alquiler le garantice a usted el derecho de renovar su contrato por un cierto número de años, aun con un cambio de propietario del edificio. A menos que los dueños estén planeando vender y quizás sacarlo de la propiedad, deberían estar encantados con una solicitud que demuestra que usted está interesado en quedarse un buen tiempo. También, al saber si el arrendador desea vender y cuándo, ¡usted podría ser el comprador!

# Las ventajas de alquilar

Comprar y ser dueño de una casa durante la mayor parte de su vida de adulto tiene mucho sentido financiero y personal para la mayoría de las personas — pero no para todas las personas ni en cualquier momento. Alquilar funciona mejor para cierto tipo de personas. Los beneficios de alquilar son numerosos:

✔ **Simplicidad:** sí, buscar una vivienda para alquilar que reúna sus condiciones puede tomar más que unos pocos días (especialmente si se encuentra en un mercado inmobiliario restringido), pero debería ser muchísimo más fácil que encontrar un lugar para comprar. Cuando usted compra, es necesario coordinar todo lo relacionado con el financiamiento, llevar a cabo las inspecciones y lidiar con un número de otros asuntos los cuales los arrendatarios no tienen nunca que enfrentar. Si usted lo hace correctamente, encontrar y comprar una casa puede ser una tarea que le consuma mucho tiempo y le de un buen dolor de cabeza.

✔ **Conveniencia:** después que usted encuentra y se muda a su vivienda alquilada, el arrendador es responsable por la tarea casi interminable de mantener apropiadamente la unidad o vivienda. Los edificios y artefactos eléctricos se hacen viejos, y empiezan a funcionar mal: los fusibles explotan, las tuberías se tapan, los calentadores se dañan a la mitad del invierno, los techos gotean durante la época de lluvia fuerte y los árboles se caen durante las tormentas borrascosas. Esta lista podría ser interminable. Como arrendatario, usted podría estar reclinado en su silla con los pies hacia arriba, un vaso de vino en una mano y el control remoto en la otra, y decir, "¡Ahhhhh, la alegría no ser parte del equipo de dueños!"

✔ **Flexibilidad:** si usted es del tipo de personas libre y sin preocupaciones, seguramente le disgusta sentirse atado o comprometido. Con un alquiler, en tanto que el contrato se lo permita (y la mayoría de los contratos no duran más de un año), usted puede mudarse cuando quiera. Como propietario, si usted se quiere mudar, tiene que enfrentar la dura tarea de vender su casa o encontrar un inquilino que se la alquile.

✔ **Mayor liquidez:** a menos que usted sea el beneficiario de una gran herencia o trabaje en un empleo muy bien pagado, usted probablemente se va a sentir bastante presionado financieramente con la compra de su primera casa. Tener disponible el pago inicial y los costos de cierre usualmente acaba con las reservas financieras de la mayoría de las personas. Adicionalmente, cuando usted compra, usted debe realizar los pagos de la hipoteca, impuestos de propiedad, seguros y los gastos de mantenimiento y reparación. Como inquilino, usted puede mantener sus reservas de efectivo, y le es más fácil presupuestar ya que no tiene las sorpresas que el mantenimiento representa para los propietarios, tales como la urgencia repentina de sustituir un techo que gotea o un horno viejo.

Usted no necesita comprar una casa para disminuir sus impuestos. Si usted tiene acceso a una cuenta de jubilación tal como una 401(k), 403(b), SEP-IRA, o Keogh Plan (vea el Capítulo 2), usted puede rebajar sus impuestos mientras ahorra e invierte su efectivo extra *como arrendatario*. De modo que ahorrar en los impuestos no debería ser el único motivo para usted comprar una casa.

✔ **Mejor diversificación:** muchos propietarios que se encuentran financieramente estresados tienen la mayor parte de su riqueza atada a sus casas. Como inquilino, usted puede invertir su dinero en una variedad de inversiones sólidas, tales como acciones, bonos, y quizás su propio pequeño negocio. Incluso, si usted lo desea, puede invertir una pequeña suma de dinero en bienes raíces a través de acciones o fondos mutuales (ver Capítulo 16). A largo plazo, el mercado de valores ha producido tasas de retorno comparables a las de inversiones en el mercado de bienes raíces. De modo que no sienta que se está perdiendo de buenas inversiones si usted no puede o no quiere comprar en dicho mercado. Sin embargo, usted debe tener la disciplina de ahorrar e invertir su dinero cuando es un arrendatario.

✔ **Podría tener costos más bajos:** si usted vive en una zona donde los costos de las viviendas se han disparado más rápido que el de los alquileres, el mercado inmobiliario podría estar sobrevalorado y no ser una muy buena compra. En el Capítulo 4 explicamos cómo comparar el costo de comprar con el costo de alquilar en su zona, y cómo identificar un mercado de bienes raíces potencialmente sobrevalorado.

Alquilar debería ser más económico que comprar si usted espera mudarse muy pronto. Comprar y vender una propiedad cuesta bastante dinero. Con las comisiones de los agentes de bienes raíces, los cargos relacionados con préstamos, la póliza de seguro de títulos, las inspecciones, y toda clase de otros costos, su propiedad tendría que revalorizarse aproximadamente un 15 por ciento sólo para poder recuperar tales costos. Por tanto, comprar una propiedad la cuál usted no espera retener por lo menos tres años (y preferiblemente cinco o más) no tiene mucho sentido financiero. Entonces, aunque algunas veces se podría dar un aumento del valor de la vivienda por encima del 15 por ciento en un año o dos, la mayoría de las veces esto no es lo que ocurre. Si usted está contando con una alta revalorización, puede estar encaminado a sufrir una gran decepción.

# Los Obstáculos de la Decisión de Alquilar o Comprar

Cuando usted está considerando comprar una casa, usted puede reflexionar mucho, sacar bastantes números e investigar mucho para ayudarlo con su decisión. Nosotros lo animamos a hacer estas actividades y le demostramos como hacerlas en capítulos posteriores.

En realidad, nosotros sabemos que muchas personas están tentadas a tomar la decisión de comprar o de continuar alquilando sin haber puesto todas las cartas sobre la mesa. De modo que como mínimo queremos prevenir que usted cometa los errores más comunes y costosos, de los cuales muchos otros antes que usted lo han hecho, y han caído como presa. En las sesiones que siguen, revisamos los mayores errores a evitar.

## Alquilar porque parece más barato

Como discutimos anteriormente en este capítulo, ser propietario debería ahorrarle más dinero en el largo plazo comparado con alquilar un domicilio similar. Pero por favor, somos norteamericanos y vivimos de — o es mejor decir, que nos gusta — la gratificación instantánea. Generalmente, no somos pensadores de largo plazo — muy a menudo vivimos para el momento. Pues bien, cuando usted sale a mirar casas en el mercado *hoy*, los precios de venta están típicamente en el orden de los cientos de miles de dólares, y su renta mensual parece exageradamente baja por comparación.

Usted debe comparar el costo *mensual* de comprar o ser propietario con el costo mensual de alquilar. Y usted debe incluir los ahorros impositivos que se obtienen de las deducciones de impuestos como propietarios. (Nosotros le mostramos como hacer estos cálculos en el Capítulo 3.) Pero usted también tiene que pensar en el futuro. Así como su educación formal afecta su perspectiva de carrera y la habilidad de lograr ciertos ingresos en el futuro, su decisión de alquilar-versus-comprar afecta sus costos de vivienda, no solo este año, sino también en los años por venir.

## Mortificarse mucho por la seguridad del trabajo

El sentirse inseguro acerca de su trabajo es natural. La mayoría de las personas se sienten así — aun los presidentes de compañías, atletas célebres y estrellas de cine. Y el comprar una casa parece algo tan permanente. El miedo de perder el trabajo puede hacerlo sentir como un lazo financiero que le aprieta el cuello cuando usted se sienta a firmar el contrato de compra de una casa.

Aunque pocas personas tienen razones verdaderas para preocuparse de perder sus trabajos, la realidad es que la vasta mayoría de ellas no deberían preocuparse por eso. No queremos decir con esto que usted *no puede* perder su trabajo — en realidad, casi todos pueden perderlo. Sólo recuerde que en un tiempo razonable, sus destrezas y habilidades le permitirán levantarse de nuevo y tener un empleo similar. No somos expertos en carreras profesionales, pero hemos presenciado la recuperación de miles de personas en esa forma.

Cuando usted tiene una probabilidad alta de perder su trabajo, y especialmente si usted tuviera que mudarse de ciudad debido a un nuevo trabajo, piense en la posibilidad de posponer la compra de vivienda hasta que su situación de trabajo se estabilice. (De todas maneras, si usted no ha demostrado una historia de empleo estable reciente, la mayoría de las entidades hipotecarias no querrán prestarle el dinero — vea los Capítulos 6 y 7.) Cuando usted necesita mudarse para encontrar un trabajo aceptable o deseable, el vender su casa para luego comprar otra puede costarle miles y miles de dólares en gastos de transacción.

## Comprar cuando usted espera mudarse pronto

Las personas se mudan por otras muchas razones además de por la pérdida del trabajo. Usted quizás quiera mudarse para avanzar en su carrera, para estar más cerca de la familia (¡o más lejos!), para probar como sería vivir en un lugar nuevo o para alejarse de algún lugar viejo. A menos que usted esté planificando retener su casa y alquilarla cuando se mude, comprar una casa tiene poco sentido financieramente hablando, si usted espera mudarse dentro de tres años. (Idealmente, manténgase en la casa por 5 años como mínimo.)

## Sucumbir ante la presión de los vendedores

Cuando usted compra una casa, usted es quién estará viniendo a ella día tras día, y quién será responsable por todos los gastos. No se olvide nunca de estos factores cuando se lance a la compra de una vivienda. Si usted tiene dudas persistentes acerca de comprar una casa, frénese un poco.

Muchas personas involucradas en la transacción de compras de casas tienen un interés personal en que usted compre. Puede ser que lo presionen para comprar más temprano y algo más grande de lo que usted pensaba originalmente o de lo que puede pagar, dados sus otros objetivos financieros y obligaciones. La razón es que muchas personas que viven del negocio de bienes raíces reciben su pago sólo si usted compra y cuando usted compra, y sus ganancias dependen de cuánto usted gaste. En el Capítulo 9, le mostramos cómo armar el mejor equipo de trabajo que lo ayude a tomar la decisión, y no que lo empuje a hacer cualquier negocio.

## Pasar por alto la logística

Algunas veces, cuando usted está mirando casas, usted puede perder la perspectiva de los asuntos más importantes. Después de meses de investigación, Federico finalmente encontró una casa que cubría sus necesidades de espacio y precio. Compró la casa y se mudó un sábado. Llegó el lunes, y en la mañana, Federico se montó en su carro y se gastó la siguiente hora viajando hasta su trabajo. Al final de su día de trabajo, hizo lo mismo. Cuando regresó a la casa, a cenar, estaba cansado e irritable, y después de prepararse la cena, se fue a la cama para levantarse lo suficientemente temprano y repetir todo de nuevo el día martes.

Al principio, Federico creyó que ese tráfico pesado era una molestia que pronto pasaría — pero no fue así. De hecho, muchos días, el tiempo de viaje de ida y vuelta al trabajo duraba más de una hora respectivamente. Federico llegó a odiar su carro, sus viajes al trabajo, el regreso, su trabajo y su nueva casa.

 Cuando usted compra una casa, también está comprando los viajes al trabajo, el vecindario, los servicios y todas las otras cosas que vienen literal y figurativamente con este hecho. Entienda estos aspectos *antes* de comprar. Al final, después de 18 meses de tráfico infernal, Federico vendió su casa y alquiló de nuevo en un lugar más cercano a su trabajo. Él se olvidó de tomar en cuenta lo que el tráfico de su casa al trabajo representaba; fue una lección muy costosa para él. No cometa el mismo error que él cometió; tómese su tiempo y examine todos los factores importantes acerca de la casa que está pensando comprar.

## Comprar por encima del presupuesto

Muchas personas que compran casa por primera vez descubren que sus deseos sobrepasan sus presupuestos. Nelson y su esposa Laura tienen buenos trabajos en la industria de la computación, y juntos hacen más de $100.000 al año. Estaban acostumbrados a comprar lo que ellos deseaban: comían en restaurantes caros, tomaban vacaciones de lujo y se daban sus gustos.

Cuando llegó el tiempo de comprarse la casa, gastaron y pidieron prestado el monto máximo que la persona de la entidad hipotecaria les dijo que podían prestar. Después de la compra, Laura quedó embarazada y eventualmente dejó su trabajo para pasar más tiempo en casa. Con los gastos de la casa tan altos, el costo de un hijo, y un ingreso familiar reducido, Nelson y Laura se vieron con problemas para pagar las cuentas mensuales, y comenzaron a acumular deudas en la tarjeta de crédito. Al final, terminaron en la quiebra.

O usted es dueño de su casa, o la casa es dueña de usted. Ponga sus finanzas en orden, y esté consciente de cuánto usted puede realmente gastar en una casa antes de comprar (vea los Capítulos 2 y 3).

## Comprar por debajo del presupuesto

¿Se acuerda como en la historia de "Ricitos de oro y los tres osos", Ricitos de oro tenía dificultad para encontrar un atole que le gustara? En un caso, estaba muy frío, y en otro, muy caliente. De la misma manera, así como usted puede comprar por encima de su presupuesto al seleccionar una casa, también puede comprar por debajo del presupuesto. Eso es lo que Nathan y Rebeca hicieron cuando compraron su primera casa. Ellos eran partidarios de vivir dentro de sus límites — algo muy bueno — pero lo llevaron al extremo.

Nathan y Rebeca compraron una casa cuyo costo estaba muy por debajo del monto máximo que podían pagar. Pidieron prestado $70.000 cuando podían haber pagado tres veces esa cantidad. Cuando compraron la casa, sabían que querrían mudarse a una casa más grande en unos pocos años. Aunque esto hizo feliz al agente de bienes raíces y a la entidad hipotecaria, todos los costos de comprar y luego de vender tan pronto, se llevaron una buena porción del pago inicial que originalmente habían hecho Nathan y Rebeca.

## Comprar porque es una cosa de adultos

La presión de los amigos puede ser sutil o explícita. Algunas personas incluso se imponen presiones sobre ellas mismas. El comprar una casa es un punto importante en la vida de una persona, y una muestra tangible de madurez financiera y éxito. Si todos sus amigos, hermanos y compañeros de trabajo parecen ser propietarios, puede que usted se sienta como si fuera un poco juvenil por no saltar y estar en el mismo tren con ellos.

Todas las personas tienen necesidades diferentes; no todas deberían ser propietarias ni tampoco ser propietarias en cada momento de su madurez. Además, aunque ellos nunca lo admitan, algunos amigos y colegas que son propietarios están celosos de usted y de otros inquilinos con libertad financiera y menos responsabilidad.

Inclusive, un estudio soporta la idea de que la vida de un típico arrendatario es, en muchos respectos, mejor que la del propietario promedio. Peter Rossi y Eleanor Weber, del Instituto de Investigaciones Sociales y Demográficas de la Universidad de Massachusetts, condujeron una encuesta de miles de personas. Éstas son algunas de las conclusiones de la encuesta:

- Los propietarios son, en promedio, menos sociales que los arrendatarios — empleando menos tiempo con amigos, vecinos y compañeros de trabajo.

- Los propietarios emplean más tiempo en tareas del hogar.

- Quizás debido a las razones anteriores, ¡los arrendatarios tienen más sexo y menos problemas maritales, y enfrentan mejor el ser padres que los propietarios!

## Comprar porque tiene temor que no pueda hacerlo más adelante si los precios suben

De vez en cuando, ciertos mercados locales de bienes raíces tienen un aumento rápido de precios. Durante esos tiempos, algunos compradores potenciales sienten pánico, a menudo por el estímulo de aquellos que tienen intereses personales en convertir arrendatarios en potenciales compradores. Los precios en aumento de las viviendas hacen sentir a algunos arrendatarios como que ellos no están participando en la fiesta. Los precios en auge de las viviendas aparecen en la página principal de los periódicos y en las noticias de televisión locales. Y los propietarios deleitados cacarean acerca de sus ganancias.

Nunca en la historia del negocio de bienes raíces los precios han aumentado tan alto como para que el mercado se salga del alcance de un gran número de personas. En realidad, compradores pacientes que pueden esperar por un mercado que ha incrementado marcadamente su valor, a menudo son premiados con precios estables, y en algunos casos, precios en disminución. Aunque usted no va a quedarse fuera del mercado para siempre, usted debe tener en mente que si pospone comprar por muchos años, probablemente podría comprar menos casa por su dinero, gracias a que los precios de las viviendas aumentan más rápido que la tasa de inflación.

## Malinterpretar lo que usted puede pagar

Cuando usted toma una decisión importante, ya sea personal o financiera, es perfectamente natural y humano sentirse incómodo si usted está confiando en su intuición y sus sentidos y no tiene experiencia de dónde agarrarse. Con la compra de una casa, si usted no ha considerado y examinado plenamente sus objetivos financieros y sus metas, usted está solamente adivinando cuánto debería gastar en ella.

De nuevo, esos amigos con intereses personales, generalmente, no le dan a conocer estos asuntos — en parte, por sus intereses y motivaciones, pero también porque ellos no están entrenados para eso ni tampoco son expertos. Mírese en el espejo para que vea a la persona que puede ayudarlo con estos asuntos importantes. (El Capítulo 2 lo lleva a través de todas las consideraciones personales y financieras que usted debe explorar antes de emprender su expedición de compra).

# Capítulo 2

# Cómo Poner Sus Asuntos Financieros en Orden

Cuando usted va a comprar una vivienda, nadie cuida sus intereses mejor que usted mismo . . . con nuestra ayuda, por supuesto. Las personas involucradas en los negocios típicos de bienes raíces (tales como agentes de bienes raíces, banqueros, agentes de préstamos u otros empleados como ellos) están allí para hacer su trabajo. Pero, *no forma parte* de las responsabilidades de ellos el preocuparse acerca de cómo la compra del bien inmobiliario se ajusta a las finanzas personales suyas o cómo ordenar mejor sus finanzas antes y después de la compra de la vivienda. Este capítulo le explica cómo puede usted resolver estos asuntos tan importantes.

Éste es el momento preciso para una advertencia paternal: pase por alto este capítulo a su propio riesgo. En la gran historia de la compra de viviendas, muchas personas han comprado bienes inmobiliarios sin primero haber puesto sus finanzas personales en orden o haber establecido claramente sus objetivos, o haber resuelto sus problemas —y han tenido que sufrir las consecuencias por esta omisión. ¿Cuáles son las consecuencias de lanzarse de cabeza a la compra de una casa antes de estar listo financieramente hablando? Para empezar, usted podría terminar pagando miles de dólares más en impuestos e intereses en los años venideros. En el peor de los casos, hemos sido testigos de la ruina financiera de gente inteligente y trabajadora que terminó con deudas hasta la cabeza (y en algunos casos, hasta en bancarrota). Queremos que usted sea feliz con su casa y con mucho éxito financieramente —*¡así que por favor lea este capítulo!*

# Cómo Analizar Sus Gastos

Aun si sus ingresos y gastos fluctúan, usted probablemente ha desarrollado sin darse cuenta una rutina de gastos básicos. Cada mes, usted gana un ingreso específico y luego gasta la mayor parte de él, o todo o quizás más de lo que ha ganado, en las cosas necesarias (y en otras cosas no tan necesarias) para vivir. El norteamericano promedio ahorra menos del 5 por ciento de su ingreso neto (después de los impuestos). Fíjese que este ahorro es mucho menor que el promedio ahorrado por las personas en la mayoría de los países igualmente industrializados.

Cuando quiera comprar una casa, ahorrar es un objetivo en el cuál vale la pena estar "por encima del promedio". Ahorrar más del 5 por ciento de sus ingresos consistentemente puede ayudarlo a transformarse de un inquilino a un propietario financieramente exitoso. ¿Y por qué ocurre eso? Por dos razones muy importantes:

- ✔ Primero, para comprar una casa, usted necesita acumular un monto suficiente de dinero para el pago inicial y los costos de cierre. Es verdad que algunos familiares adinerados podrían ayudarlo, pero contar con la generosidad de ellos es algo arriesgado. Los compromisos que se crean con esas personas podrían convertir ese préstamo o regalo en algo indeseable. De todas maneras, si usted es como la mayoría de las personas, probablemente no tenga ningún familiar rico que le preste dinero.

- ✔ Segundo, después que usted compra una casa, el monto total de los gastos mensuales probablemente aumentará. Así que si tuvo dificultades para ahorrar antes de la compra, después de la compra sus finanzas van a estar todavía más limitadas. Esto impedirá que logre sus otras metas financieras importantes, tales como ahorrar dinero para la jubilación. Si usted no aprovecha las ventajas de las cuentas de pensión exentas de impuestos, entonces perderá miles de dólares (si es que no es más de los diez mil) en valiosos beneficios impositivos. Más adelante en este capítulo, hablamos sobre la importancia y el valor de aportar a las cuentas de jubilación.

## Cómo reunir la información

Una de las cosas más importantes que usted puede y debe hacer antes de salir a comprar una casa es examinar dónde (o en qué) está gastando actualmente su dinero. Hacer este ejercicio financiero le permite ver qué porción de su ingreso actual usted está ahorrando. ¡Tener control de su presupuesto actual también le permite ver si la compra de una casa determinada encaja dentro del presupuesto o si lo diezmará!

Revise la información de sus gastos de por lo menos un período de tres meses para determinar cuánto gasta en diferentes conceptos en un mes típico —gastos tales como alquiler, ropa, impuestos, productos de uso personal y todos los demás (vea Tabla 2-1). Si sus gastos cambian mucho a lo largo del año, probablemente necesita analizar y promediar un periodo de 6 meses (o hasta de 12 meses) para tener una idea más precisa de su forma de gastar y de sus derroches.

### Tabla 2-1    Gastos Presentes y después de la Compra de la Casa

| Concepto | Promedio Mensual Actual ($) | Promedio Mensual Esperado después de la Compra de la Casa ($) |
|---|---|---|
| **Ingreso** | _____ | _____ |
| **Impuestos** | | |
| Seguro Social | _____ | _____ |
| Federal | _____ | _____ |
| Estatal y local | _____ | _____ |
| **Gastos de la Casa** | | |
| Alquiler | _____ | n/a |
| Hipoteca | n/a | _____ |
| Impuestos a la propiedad | n/a | _____ |
| Seguro de la propiedad/ seguro para inquilinos | _____ | _____ |
| Gas/electricidad | _____ | _____ |
| Agua/Servicio de Recolección de basura | _____ | _____ |
| Teléfono | _____ | _____ |
| Cable | _____ | _____ |
| Mobiliario/artefactos eléctricos | _____ | _____ |
| Mantenimiento/reparaciones | _____ | _____ |
| **Alimentos y Comidas** | | |
| Supermercado | _____ | _____ |
| Restaurantes y comidas listas para consumir | _____ | _____ |
| **Transporte** | | |
| Gasolina | _____ | _____ |
| Mantenimiento/reparaciones | _____ | _____ |
| Tarifa estatal de registro de vehículos | _____ | _____ |
| Peajes y estacionamiento | _____ | _____ |
| Tarifas de buses o metro | _____ | _____ |

*(continúa)*

## Tabla 2-1 *(continuación)*

| Concepto | Promedio Mensual Actual ($) | Promedio Mensual Esperado después de la Compra de la Casa ($) |
|---|---|---|
| **Cuidado y Aseo Personal** | | |
| Ropa | _____ | _____ |
| Zapatos | _____ | _____ |
| Joyas (relojes, zarcillos) | _____ | _____ |
| Tintorería | _____ | _____ |
| Cortes de pelo | _____ | _____ |
| Maquillaje | _____ | _____ |
| Otros | _____ | _____ |
| **Pago de Deudas** | | |
| Tarjetas de crédito | _____ | _____ |
| Préstamos para automóviles | _____ | _____ |
| Préstamos para estudios | _____ | _____ |
| Otros | _____ | _____ |
| **Diversión** | | |
| Entretenimiento (cine, conciertos) | _____ | _____ |
| Vacaciones y viajes | _____ | _____ |
| Regalos | _____ | _____ |
| Pasatiempos | _____ | _____ |
| Mascotas | _____ | _____ |
| Gimnasio | _____ | _____ |
| Otros | _____ | _____ |
| **Asesorías** | | |
| Contador | _____ | _____ |
| Abogado | _____ | _____ |
| Asesor financiero | _____ | _____ |
| **Salud** | | |
| Médicos y hospitales | _____ | _____ |
| Medicinas | _____ | _____ |
| Cuidado dental y visión | _____ | _____ |
| Terapias | _____ | _____ |
| **Seguros** | | |
| Automóviles | _____ | _____ |
| Hospitalización y cirugía | _____ | _____ |
| Vida | _____ | _____ |
| Incapacidad | _____ | _____ |
| **Gastos en Educación** | | |
| Cursos | _____ | _____ |
| Libros | _____ | _____ |
| Materiales | _____ | _____ |

| Concepto | Promedio Mensual Actual ($) | Promedio Mensual Esperado después de la Compra de la Casa ($) |
|---|---|---|
| **Niños** | | |
| Guardería | _____ | _____ |
| Juguetes | _____ | _____ |
| Manutención | _____ | _____ |
| **Donaciones/Ofrendas** | | |
| **Otros** | | |
| _____ | _____ | _____ |
| _____ | _____ | _____ |
| _____ | _____ | _____ |
| _____ | _____ | _____ |
| _____ | _____ | _____ |
| **Total de Gastos** | _____ | _____ |
| **Monto Ahorrado** | _____ | _____ |
| (reste este monto de los ingresos que están al inicio de esta tabla) | | |

Algunos paquetes financieros de software, tales como *Quicken* y *Microsoft Money,* pueden ayudarlo en la tarea de determinar y analizar sus gastos, pero el viejo método a lápiz y papel también funciona bien. Lo que necesita hacer es tener a mano la información representativa que muestra en qué gasta usted su dinero. Busque su registro de cheques, estados de cuentas de las tarjetas de débito y crédito, sus recibos de sueldo y su declaración de impuestos más reciente.

No importa si usted usa nuestra tabla sencilla o su propio software. Lo que importa es que tenga la mayoría de sus gastos incluidos allí. No necesita explicar el 100 por ciento de ellos o hacerles un seguimiento hasta el último centavo (ni siquiera hasta el último dólar). ¡Aquí usted no está diseñando un avión o realizando una auditoría financiera para una compañía de contabilidad renombrada!

En la medida en que usted reúna la información sobre sus gastos y considere la compra de una vivienda, piense cómo dicha compra afectaría y cambiaría sus gastos y su capacidad de ahorrar. Por ejemplo, si como propietario, usted vive más lejos de su trabajo que cuando usted alquilaba, pregúntese, ¿Cuánto aumentarán mis gastos de transporte? En el Capítulo 3, le mostramos paso a paso cómo estimar los gastos de la propiedad, tales como impuestos a la propiedad, mantenimiento y otros más.

CONSEJO

## Cómo cortar los excesos de su presupuesto

La mayor parte de las personas que planifican comprar una casa, necesitan reducir sus gastos para ahorrar suficiente dinero para el pago inicial, para los costos de cierre y para crear una disponibilidad en sus presupuestos de tal manera que puedan pagar los gastos extras que se presentan al ser propietarios. (Aumentar sus ingresos es otra estrategia, pero generalmente es un poco más difícil de lograr). En qué renglones de su presupuesto usted decida recortar, es asunto de preferencia personal — pero a menos que usted sea una persona verdaderamente rica o un derrochador, usted tiene que recortar sus gastos.

En primer lugar, elimine todas sus deudas de consumidor — tales como las tarjetas de crédito y préstamos de automóviles. Liberarse de estas deudas tan pronto como sea posible es vital para su salud financiera de largo plazo. Estar endeudado es tan dañino para la salud financiera como fumar lo es para la salud personal. Hacer préstamos personales lo conllevan a vivir más allá de sus posibilidades existentes y tienen el efecto contrario a ahorrar — llámelo "des-ahorro" (o *financiamiento del déficit*, como se dice en Washington, D.C.). Las tasas de interés en este tipo de deuda son altas y, a diferencia de los intereses sobre una hipoteca, los intereses sobre deuda del consumidor no pueden ser deducidos de los impuestos, así que usted lleva la carga completa de los costos.

Si usted tiene ahorros disponibles para pagar estas deudas en su totalidad, no dude en usarlos. Seguramente está pagando unos intereses más altos sobre esa deuda que los que está recibiendo por tener el dinero ahorrado. Además, los intereses de sus ahorros están sujetos a impuestos. Sólo asegúrese de tener acceso a un monto suficiente de dinero para emergencias, bien sea a través de la familia u otros medios.

Si usted carece de los ahorros necesarios para pagar esta deuda con altos intereses, comience por refinanciar o traspasar la deuda de la tarjeta de crédito con intereses más altos a las tarjetas de créditos que ofrezcan intereses más bajos. Luego, haga un esfuerzo por reducir sus gastos para recuperar efectivo y poder pagar esas deudas tan pronto como sea posible. Y si usted ha tenido una tendencia a acumular deuda en tarjetas de crédito, considere deshacerse de ellas y obtener, en su lugar, una tarjeta de débito tipo Visa o MasterCard. Estas tarjetas de débito parecen una tarjeta de crédito pero funcionan como cheques, y son aceptadas igualmente en los negocios. Cuando usted hace una compra con una tarjeta de débito, el dinero es deducido de su cuenta corriente en el término de uno o dos días.

Haga recortes en las partes de su presupuesto que son innecesarias. Aun si sus ingresos no son tan altos, algunas cosas en las que usted gasta su dinero son innecesarias. Aunque todos necesitamos comida, techo, ropa y mantener la salud, las personas gastan dinero extra en lujos y cosas que no requieren; algunas de las cosas en las cuáles gastamos que se encuentran en las categorías de "necesarias" son parcialmente de lujo.

Compre productos y servicios que brinden valor. Los de mejor calidad no necesariamente cuestan más. De hecho, algunos productos y servicios caros, son a veces inferiores en calidad comparados con los de más bajo costo.

Finalmente compre al por mayor. La mayoría de los productos son más baratos por unidad cuando se compran en tamaños o cantidades más grandes. Los negocios mayoristas que venden por cantidades grandes tales como Costco y Sam's Club, ofrecen tamaños familiares a precios competitivos.

# Cómo analizar los números de sus gastos

Tabular sus gastos es solamente la mitad del trabajo en el camino hacia la salud financiera y a una exitosa compra de vivienda. Usted debe *hacer* algo con la información de gastos que recolectó.

Aquí le presentamos los posibles resultados del análisis de sus gastos en un orden de mayor a menor probabilidad:

- ✔ **Usted gasta demasiado.** Cuando la mayoría de las personas examinan sus gastos por primera vez, se horrorizan de ver *cuánto* gastan en general y *en qué* cosas específicamente. Quizás usted no tenía ni idea de que su adicción al café *latte* representa $100 mensuales, o que gasta mensualmente $400 en comidas fuera de la casa.

  Su reto es decidir dónde va a hacer las reducciones o cortes. (Revise la sección con la barra gris al lado, "Cómo cortar los excesos de su presupuesto.") Todas las personas que tienen un ingreso y pudieron decidir comprar este libro, tienen flexibilidad en sus presupuestos (algunos más que otros). Para que las mayorías de las personas puedan alcanzar sus metas financieras, tienen que ahorrar al menos el 10 por ciento de sus ingresos antes de los impuestos. Pero cuánto debería usted estar ahorrando depende de sus objetivos y de cuán agresivo y exitoso es usted como inversionista. Si por ejemplo, usted quiere jubilarse antes de su tiempo y no ha ahorrado mucho todavía, puede que necesite ahorrar mucho más del 10 por ciento por año para lograr su meta.

- ✔ **Usted ha ahorrado lo suficiente.** Usted puede ser una de esas personas que ha definido un sendero financiero y está en el camino correcto. ¡Maravilloso! Sin embargo, de la misma manera en que una bola de billar desordena el resto de las que están perfectamente arregladas, igualmente, el comprar una casa puede interrumpir aún los presupuestos más organizados y controlados.

  Examinar cómo su presupuesto va a ser afectado cuando compre una casa es importante. De modo que si usted aún no ha hecho esto, complete la Tabla 2-1 para analizar sus gastos actuales y hacer las proyecciones de cómo va a quedar su presupuesto después de la compra.

- ✔ **Usted ahorra mucho.** Quizás usted sea uno de esos casos raros de personas que ahorran más de lo necesario. Si es así, usted no sólo puede obviar hacer un presupuesto, sino que además puede ser capaz de estirar el monto que va a gastar y a pedir prestado con la compra. Pero aun si usted ha hecho sus planes financieros y está ahorrando más que suficiente, quizás usted deba completar la Tabla 2-1 para asegurarse que su vehículo financiero no se salga del carril.

# Cómo Calcular Sus Requerimientos de Ahorros

La mayoría de la gente no sabe cuánto está ahorrando actualmente, pero aun hay muchos más que no saben cuánto debieran estar ahorrando. Usted debe conocer esas cantidades *antes* de comprar una casa.

Cuánto debería usted estar ahorrando, probablemente difiera mucho de cuánto sus vecinos y compañeros de trabajo deberían estar ahorrando, porque cada persona tiene una situación, recursos y metas diferentes. Concéntrese en su situación personal.

## El uso correcto del crédito

Sólo porque el crédito ofrecido por las tarjetas de crédito sale muy costoso, por los intereses, esto no significa que todo crédito es malo para usted. El solicitar un crédito para planes de largo plazo puede tener sentido si usted lo hace para planes con inversiones sólidas y que crean riqueza. Endeudarse para hacer una compra de bienes raíces, hacer un negocio pequeño o para educación, puede producir beneficios más adelante en el camino.

Cuando usted pide prestado con el propósito de invertir, usted puede obtener beneficios impositivos también. Con la compra de una casa, por ejemplo, los intereses de la hipoteca y los impuestos a la propiedad son generalmente deducibles de los impuestos (tal como lo vamos a examinar en el Capítulo 3). Cuando los créditos hipotecarios a interés fijo están alrededor del 7 por ciento, la tasa efectiva de préstamo después de los impuestos para una persona con ingreso moderado que está pagando aproximadamente un 35 por ciento en impuestos federales y estatales, es solo 4,6 por ciento.

Si usted es dueño de un negocio, usted puede deducir los intereses pagados en préstamos que usted haga para el negocio. El interés incurrido por préstamos hechos contra sus títulos o valores (acciones y bonos) de inversiones (a través de los llamados *préstamos con garantía*) es deducible de sus ingresos por inversiones de ese año.

En realidad, usted todavía puede hacer un buen uso del crédito ofrecido por las tarjetas de crédito, a corto plazo, y hacer que su dinero trabaje eficazmente para usted. Por ejemplo, usted puede usar sus tarjetas de crédito por la ventaja que ofrecen y no por la disponibilidad del dinero. Cuando usted paga el total de su cuenta, y a tiempo, durante cada ciclo mensual de pago de la tarjeta, usted ha usado gratuitamente el dinero de las tarjetas por las compras que hizo durante el mes anterior. (Por favor vea el Capítulo 5 para más detalles de cómo usar sus experiencias de crédito positivas para obtener la mejor tasa de interés posible en la hipoteca).